BEI GRIN MACHT SICH IHR WISSEN BEZAHLT

- Wir veröffentlichen Ihre Hausarbeit,
  Bachelor- und Masterarbeit

- Ihr eigenes eBook und Buch -
  weltweit in allen wichtigen Shops

- Verdienen Sie an jedem Verkauf

Jetzt bei www.GRIN.com hochladen
und kostenlos publizieren

GRIN

Bibliografische Information der Deutschen Nationalbibliothek:

Die Deutsche Bibliothek verzeichnet diese Publikation in der Deutschen National-
bibliografie; detaillierte bibliografische Daten sind im Internet über http://dnb.d-
nb.de/ abrufbar.

Impressum:

Copyright © 2017 GRIN Verlag
Druck und Bindung: Books on Demand GmbH, Norderstedt Germany
ISBN: 9783668753075

Dieses Buch bei GRIN:

https://www.grin.com/document/428908

Mandy Schmiedel

Kursstunde Wirbelsäulengymnastik. Theoretische Vor-
überlegungen und praktische Planung

GRIN Verlag

GRIN - Your knowledge has value

Der GRIN Verlag publiziert seit 1998 wissenschaftliche Arbeiten von Studenten, Hochschullehrern und anderen Akademikern als eBook und gedrucktes Buch. Die Verlagswebsite www.grin.com ist die ideale Plattform zur Veröffentlichung von Hausarbeiten, Abschlussarbeiten, wissenschaftlichen Aufsätzen, Dissertationen und Fachbüchern.

Deutsche Hochschule für

Prävention und Gesundheitsmanagement

Hermann Neuberger Sportschule 3

66123 Saarbrücken

Einsendeaufgabe

Fachmodul:	Gruppentraining I
Studiengang:	Fitnessökonomie
Datum Präsenzphase	**10.10.2017 – 13.10.2017**
Name, Vorname:	Schmiedel, Mandy
Studienort:	**Saarbrücken**
Semester:	**Sommersemester 2016**

Inhaltsverzeichnis

1   Motorische Fähigkeiten im Kursbereich

1.1 Kraft

Als motorische Fähigkeit Kraft bezeichnet man die Kraftfähigkeit des Körpers mittels Nerv-Muskel-System, eine Muskeltätigkeit konzentrisch, exzentrisch und statisch auszuführen (Reiß & Eifler, 2005, S. 20). Man spricht von Kraft, wenn ein ausreichender Krafteinsatz erfolgt ist, denn „Kraftfähigkeit ist die Konditionelle Basis für Muskelleistungen mit Krafteinsätzen, deren Werte über 30 Prozent der jeweils individuell realisierbaren Maxima liegen" (1993; zitiert nach Reiß & Eifler, 2005, S. 21).

Die motorische Fähigkeit Kraft wird in 3 Formen unterschieden:

- Der Maximalkraft

- Die Schnellkraft

- Die Kraftausdauer

„Die Maximalkraft ist die höchstmögliche realisierbare Kraft, die das Nerv-Muskel-System bei maximaler willkürlicher Kontraktion auszuüben vermag" (1993; zitiert nach Reiß & Eifler, 2005, S. 22). Die Maximalkraft kann mit der Übung Kniebeuge trainiert werden, in dem 3 Sätze mit 3 Wiederholungen ausgeführt werden. Das Gewicht wird dabei so gewählt, dass keine 4. Wiederholung mehr möglich ist.

Die „Schnellkraft ist die Fähigkeit, innerhalb kürzester Zeit einen möglichst hohen Kraftstoß zu realisieren"(1993; zitiert nach Reiß & Eifler, 2005, S. 22).

„Die Kraftausdauer charakterisiert die Widerstandsfähigkeit gegen Ermüdung bei statischer oder dynamischer Arbeitsweise der Muskulatur gegen höhere Lasten (mehr als 30% der Maximalkraft). Die Kraftausdauer kennzeichnet damit die Fähigkeit, den Kraftverlust bei einer bestimmten Wiederholungszahl von Kraftstößen innerhalb eines bestimmten Zeitraums möglichst gering zu halten"(1993; zitiert nach Reiß & Eifler, 2005, S. 22). Als Übungsbeispiel eignet sich wiederum eine Kniebeuge, welche im 90° Winkel statisch 90 Sekunden gehalten wird, es erfolgen 3 Sätze mit jeweils einer statischen Wiederholung. Mit dieser Übung wird die statische Kraftausdauer trainiert.

1.2 Ausdauer

Die motorische Fähigkeit „Ausdauer ist die Fähigkeit, physisch und psychisch lange einer Belastung zu widerstehen, deren Intensität und Dauer letztendlich zu einer unüberwindbaren (manifesten) Ermüdung (=Leistungseinbuße) führt, und/oder sich nach physischen und psychischen Belastungen rasch zu regenerieren"(1997; zitiert nach Reiß & Eifler, 2005, S.24).

Die Ausdauer kann dabei in unterschiedliche Bereiche eingeteilt werden. Man spricht von lokaler und allgemeiner Ausdauer bei Betrachtung der eingesetzten Muskulatur.

Es wird die aerobe und anaerobe Ausdauerleistung unterschieden. Bei der aeroben Ausdauer, wird im Gegensatz zur anaeroben Ausdauer, Sauerstoff zur Energiebereitstellung benötigt. Die anaerobe Ausdauerleistung, wird z.b. im Spinning Kurs, während den kurzen und intensiven Sprint-Intervallen beansprucht.

Ob eine Ausdauerleistung dynamisch oder statisch ist, hängt von der Muskelarbeitsweise ab (Reiß & Eifler, 2005, S. 25-26). Die statische Ausdauerleistung kann z.b. mit 5 Minuten Wandsitzen trainiert werden.

Als letztes kann die Ausdauer zusätzlich in Kurz- und Langzeitausdauer eingeteilt werden, je nach Dauer der auszuführenden Belastung. (Reiß & Eifler, 2005, S. 25)

1.3 Beweglichkeit

Die „Beweglichkeit ist die Fähigkeit, Bewegungen willkürlich und gezielt mit der erforderlichen bzw. optimalen Schwingungsweite der beteiligten Gelenke ausführen zu können" (1993; zitiert nach Reiß und Eifler, 2005, S.27).
Die Beweglichkeit wird durch anthropometrische, personenspezifische und äußeren Faktoren stark beeinflusst wie z.B. Gelenkigkeit, Dehnfähigkeit, Alter, Geschlecht, Temperatur, Tageszeit und weiterer Faktoren. (Reiß und Eifler, 2005, S. 29)

Eine statische Dehnung des großen Brustmuskels (M.pectoralis major) wird erreicht, in dem man aus dem Stand die Hände hinter den Körper verschränkt. Die gestreckten Arme werden Aktiv nach oben angehoben, bis die Dehnposition erreicht wird. Für eine statische Dehnung wird die Dehnposition gehalten. Beim passiven Dehnen wiederum, werden die nach hinten verschränkten Arme, von einem Partner leicht nach oben gedrückt. (Reiß und Eifler, 2005, S.119-120)

1.4 Koordination

„Aus neuromuskulärer Sicht bezeichnet Koordination das Zusammenwirken von Zentralnervensystem und Skelettmuskulatur innerhalb eines gezielten Bewegungsablaufes" (1190; zitiert nach Reiß und Eifler, 2005, S. 30). Dabei kann man diese in die intra- und intermuskuläre Koordination einteilen. Mit der intramuskulären Koordination wird „das Zusammenspiel zwischen Nerven und Muskelfasern innerhalb eines Muskels bei einem Bewegungsablauf" beschrieben, im Gegensatz zur intermuskulären Koordination, hier wird „das gezielte Zusammenwirken von Agonisten, Synergisten und Antagonisten bei einem Bewegungsablauf" als Merkmal genannt.(Reiß & Eifler, 2005, S. 31-32) Mit den Übungen Arnold Dips am Steppbrett und Bizeps Curls mit der Langhantel wird die intermuskuläre Koordination zwischen Bizeps und Trizeps sowie deren Synergisten verbessert.

2 Externe Bedingungen einer Kurseinheit

Bevor eine Kurseinheit erfolgreich geplant werden kann, können einige externe Bedingungen Auswirkungen auf die zu planende Kursstunde nehmen. Im folgenden werden ein paar Beispiele mit ihren Folgen erläutert.

Die Rahmenbedingungen

Vor der Kursstunde ist zu klären, welches Equipment für die geplante Kursstunde zur Verfügung steht und ob dieses in ausreichender Menge vorhanden ist. Nur wenn für die maximale Teilnehmerzahl das benötigte Equipment vorhanden ist, kann dieses in die Kursstunde eingeplant werden. Befinden sich im Kursraum keine Spiegel, können nur schwer Kurse mit einer anspruchsvollen Choreographie ausgeführt werden, hier sollten nur Kurse mit einfachen oder keinen Choreographien geplant werden.

Die Zielgruppe

Wird ein Kurs für ältere Menschen angeboten, so sollte die Teilnehmerzahl begrenzt werden, da hier viel Korrekturarbeit geleistet werden muss. Des weiteren sollte man Übungsvarianten einplanen für eventuelle Übungseinschränkungen der Kursteilnehmer.

Sind für den zu planenden Kurs fortgeschrittene Kursteilnehmer eingetragen, sollte die Übungsauswahl anspruchsvoll sein und auch hier eine ausreichende Anzahl an Übungsvarianten vorhanden sein, um die Übungen individuell an das Leistungslevel des einzelnen anpassen zu können. Dies ist wichtig, damit sich die einzelnen Kursteilnehmer weder über- noch unterfordert fühlen.

Die Zielsetzung

Die Zielsetzung kann in langfristige und kurzfristige Ziele unterteilt werden. Ein kurzfristiges Ziel ist es einen möglichst hohen Kalorienverbrauch zu erzielen wie es z.b. in einer Aerobic Stunde oder mit einem intensiven Intervalltraining in einer Spinning Stunde der Fall ist. Ein langfristiges Ziel hingegen ist es, die Rückenmuskulatur zu stärken, so wird z.b. in der Wirbelsäulengymnastik der Hauptteil mit dem Augenmerk auf die Kräftigung des Rückens geplant.

3 Kursplananalyse

Für die Kursplananalyse wurde der Kursplan des Bodystyle in Trier abgebildet. Der Kursplan wird nun anhand organisatorischer, trainingswissenschaftlicher und/oder wirtschaftlicher Sicht betrachtet und analysiert.

Angebotsstruktur:

Das Bodystyle bietet für seine Kunden, eine breite Palette verschiedenster Kurse an. So werden gefragte lizenzierte Kurse von Les Miles aber auch nicht lizenzierte Kurse angeboten. Es können ausdauerorientierte, kraftorientierte und gesundheitsorientierte Kurse besucht werden. Des weiteren hat der Kunde die Möglichkeit an §20 zertifizierten Kurse teilzunehmen.

Kursraumauslastung:

Für das große Kursangebot stehen drei Kursräume zur Verfügung. Diese Kursräume sind jedoch nicht optimal ausgelastet, da hier trotz des hohen Kursangebotes die Räumlichkeiten oftmals leer stehen. Gerade in den Mittagsstunden von 12-17 Uhr stehen diese oftmals leer. In dieser Zeit kann der Kursraum an Schulen oder andere Organisationen und Vereinen vermietet werden.

Räumliche Voraussetzungen:

Die Kurse werden auf drei Räume verteilt, so dass hier mindestens 10 Minuten zum Lüften der Räumlichkeiten eingeplant wurde. Das setzt Voraus, dass die Kurse pünktlich beginnen können, auch wenn der vorherige Kurs die Zeit etwas überzogen hat. Die Spinningkurse finden in einem separat ausgestatteten Raum statt, welches den Vorteil hat, dass die Spinning Bikes immer an ihrem festen Platz stehen.

Zeiten der Kurse:

Die Kurse beginnen erst weit nach Öffnung des Studios und enden min. 1 Stunde vor Schließung. So hat der Kunde genügend Zeit sich vor und nach seiner Kurseinheit umzuziehen.

Zu den regulären Stoßzeiten werden viele Kurse parallel angeboten, so kann eine Vielzahl der trainierenden Mitglieder betreut werden, so kommt es im Studio zu weniger Wartezeiten an den Geräten. (Reiß & Eifler, 2005, S.145)

Verteilung der Kursangebote im Vormittags- und Nachmittagsprogramm

Der Kunde findet sowohl am Vormittag, als auch am Nachmittag gleichermaßen kraftorientierte, ausdauerorientierte und gesundheitsorientierte Kurse vor. Am Wochenende wird zusätzlich eine Kinderbetreuung angeboten, in der auch Mütter oder Väter am vielseitigen Programm teilhaben können. In dieser Zeit wurde darauf geachtet, dass das Programm unterschiedlicher Ziele (Ausdauer, Entspannung, Kraft) abdeckt.

Zielgruppen:

Das Kursangebot bietet gerade in den ausdauerorientierten Spinningkursen, eine Einteilung in die verschiedenen Leistungslevel.

So können diese Kurse speziell auf das Leistungslevel ausgerichtet werden und führen zu keiner Über- oder Unterforderung der Kursteilnehmer. Für Menschen mit einer eingeschränkten Trainingszeit wurden spezielle Express Trainingseinheiten von nur einer halben Stunde eingeplant. Ältere Menschen oder Alltagsgestresste Menschen finden z.B. ein passendes Programm mit den Kursen Rückenfitness, Yoga, Pilates, Body-Balance und Vital Club vor. Mit den Kursen wie Body Pump, Sh´bam und Dance werden aktuelle Trendkurse angeboten, diese gewinnen gerade bei jüngeren Trainierenden immer mehr an Beliebtheit.

Abschließend kann das Kursprogramm des Bodystyle in Trier als sehr abwechslungsreiches und gut durchdachtes Programm bewertet werden, lediglich die Kursraumauslastung kann optimiert werden.

Gruppen-Fitness Kursplan

Gültig ab 1. Oktober 2016
(Änderungen vorbehalten)

Gruppen-Fitness-Managerin
Sportlehrerin

BODYSTYLE SPORTS-CLUB

Metternichstraße 39, 54292 Trier
Tel.: 06 51/460 260, Fax: 06 51/460 2626
info@bodystyle-trier.de
www.bodystyle-trier.de

Öffnungszeiten:
Mo., Mi., Fr.: 06.00 – 22.00 Uhr
Di., Do.: 08.30 – 22.00 Uhr
Sa., So.: 09.00 – 19.00 Uhr
Feiertags: siehe Aushang

Kinderbetreuungszeiten:
Samstags: 10.45 – 14.30 Uhr
Sonntags: 09.45 – 13.15 Uhr
Feiertags: siehe Aushang
(Änderungen vorbehalten)

Montag	Dienstag	Mittwoch	Donnerstag	Freitag	Samstag	Sonntag
09:15 – 10:05 Uhr Bodystyling [3]	09:15 – 10:10 Uhr Body-Pump [3]	09:15 – 10:15 Uhr Spinning Profil II [1]	09:30 – 10:20 Uhr Pilates [1]	09:15 – 10:05 Uhr Step Choreo [3]	11:00 – 12:00 Uhr Spinning Profil I [1]	10:15 – 11:15 Uhr Spinning Profil II [1]
10:15 – 11:15 Uhr Rückenfitness [3]	10:15 – 11:15 Uhr Pilates [3]	09:30 – 10:20 Uhr Dance [3]	10:30 – 11:30 Uhr Bodystyling [3]	09:15 – 10:05 Uhr BBP [3]	11:15 – 12:00 Uhr Sh'bam [3]	10:30 – 11:20 Uhr Bodystyling [3]
10:15 – 11:15 Uhr Spinning Profil I [1]		10:30 – 11:30 Uhr Body Balance [3]		10:15 – 11:15 Uhr Body-Pump [3]	12:00 – 12:50 Uhr Pilates [3]	11:30 – 12:15 Uhr Spinning Profil II [2]
				10:15 – 11:15 Uhr Rückenfitness [2]	12:15 – 12:45 Uhr CX Worx [3]	11:30 – 12:30 Uhr Body-Balance [3]
					13:00 – 13:55 Uhr Body-Pump [3]	
					14:00 – 14:30 Uhr Faszientraining express [FX]	
17:15 – 17:45 Uhr CX Worx [3]	17:30 – 18:20 Uhr Bodystyling [3]	14:00 – 15:00 Uhr Vital Club [2]	17:30 – 18:20 Uhr Rückenfitness [2]	13:30 – 14:30 Uhr Vital Club [2]		
17:55 – 18:50 Uhr Body-Pump [3]	17:30 – 18:20 Uhr Yoga [2]	18:00 – 18:30 Uhr CX Worx [2]	18:00 – 18:30 Uhr LMI Step express [3]	17:45 – 18:30 Uhr Step Choreo [3]		
18:00 – 19:00 Uhr Spinning Profil II [1]	17:30 – 18:15 Uhr Spinning Profil I [1]	18:30 – 19:20 Uhr Pilates [1]	18:30 – 19:00 Uhr CX Worx [3]	18:30 – 19:25 Uhr Body-Balance [3]		
19:00 – 19:50 Uhr BBP [3]	18:25 – 19:25 Uhr Spinning Profil II [1]	19:30 – 20:15 Uhr Sh'bam [3]	18:30 – 19:30 Uhr Ski-Gymnastik [2]	19:00 – 20:30 Uhr Spinning Profil III [1]		
19:15 – 20:00 Uhr Spinning Profil I [1]	18:30 – 19:20 Uhr Yoga [1]		19:10 – 20:10 Uhr Spinning Profil II [1]			
20:00 – 21:00 Uhr Pilates [3]	19:30 – 19:50 Uhr Bauchkiller [2]		19:10 – 20:10 Uhr Funktionales Faszientraining [3]			
	19:30 – 20:30 Uhr Body-Pump [3]					

Soccer-Halle

Soccer-Club Männer:
immer dienstags: 18:45 Uhr

Soccer-Club Frauen:
montags: 18:00 Uhr

Die grün markierten Kurse sind zertifiziert nach § 20 und damit förderungsfähig.

Für weitere Informationen steht Ihnen das Trainerteam gerne zur Verfügung.

Kursort [1] = Raum 1
Kursort [2] = Raum 2
Kursort [3] = Raum 3
Kursort [FX] = FUNKTION Zone

Abbildung 1: Kursplan Bodystyle Sportsclub Trier

4 Planung einer Wirbelsäulengymnastik

4.1 Zielgruppe

Tabelle 1: Gruppengröße, Geschlecht, Alter und Leistungslevel der Zielgruppe

Gruppengröße	6
Geschlecht	Weiblich und Männlich
Alter	25-45 Jahre
Leistungslevel & Vorkenntnisse der Teilnehmer	Fortgeschritten, Kurserfahren seit 2 Jahren

4.2 Material

Als Material wird eine Gymnastikmatte benötigt.

4.3 Stundenplanung

Tabelle 2: Stundenplanung: Warm-Up einer Wirbelsäulengymnastik

Warm-Up: (10 Minuten)

Ziel der Übung	Übungsbe-zeichnung	Übungsbe-schreibung	Belastungs-gefüge	Bemerkungen/Hinweise		
Begrüßung der Kursteilnehmer	---	---	1 Minute	Die Begrüßung des Gruppentrainers soll einen Überblick über den Schwerpunkt der Kursstunde vermitteln und technische Hinweise zur Ausführung geben. Anschließend gibt er den teilnehmern noch ein paar motivierende Worte mit und beginnt mit der Kursstunde.		

Ziel der Übung	Übungsbe-zeichnung	Übungsbeschreibung		Belastungsgefüge	Bemerkungen/Hinweise
Bewusstes Einatmen und Mobilisation des kompletten Oberkörpers	Armstreckung und Arme und Oberkörper fallen lassen.	- hüftbreiter Stand. - beim Einatmen werden die Arme nach oben gestreckt und beim Ausatmen mit dem Oberkörper locker fallen gelassen. Anschließend wieder aufrichten.		**3 Runden:** 4 Zählzeiten Armstreckung 4 Zählzeiten Oberkörper fallen lassen	

Tabelle 3: Fortsetzung Tabelle 1 Stundenplanung: Warm-Up einer Wirbelsäulengymnastik

Ziel der Übung	Übungsbe-zeichnung	Übungsbeschreibung	Belastungsgefüge	Bemerkungen/Hinweise
Mobilisation des seitliche Rückens	Armstreckung zur Seite im Stand	- aufrechter, hüftbreiter und gerader Stand. Arme werden über den Kopf gestreckt. - linken Arm über den Kopf nach rechts strecken und wieder zur Mitte führen. Rechten Arm über den Kopf nach links strecken und wieder zur Mitte führen	**8 Runden** 2 Zählzeiten nach links 2 Zählzeiten zur Mitte 2 Zählzeiten nach rechts 2 Zählzeiten zur Mitte	Bei jeder Streckung zur Seite wird ausgeatmet, die Arme werden zur Mitte geführt und eingeatmet
Mobilisation des Nacken	Kopfkreisen	- aufrechter, hüftbreiter und gerader Stand, die Arme locker neben den Körper und der Kopf wird nach vorne gebeugt. - Kreisen des Kopfes nach rechts, hinten, links und wieder nach vorne. Der Kopf wird nach der letzten Runde wieder zur Mitte gebracht.	**6 Runden** 12 Zählzeiten für ein komplettes Kopfkreisen	Die Übung wird bewusst, kontrolliert und langsam ausgeführt. Nach jeder Wiederholung erfolgt ein Richtungswechsel.
Mobilisation des Nacken	Kopf Beugung und Streckung nach Hinten	- aufrechter, hüftbreiter und gerader Stand. Arme locker neben dem Körper. - Kopf wird so weit wie möglich nach vorne gebeugt, anschließend nach hinten gestreckt. Der Kopf wird nach der letzten Runde wieder zur Mitte bewegt.	**4 Runden** 8 Zählzeiten Kopfbeugung 8 Zählzeiten Kopfstreckung	Die Übung wird bewusst, kontrolliert und langsam ausgeführt.
Mobilisation der Schultern	Schulterkreisen	- aufrechter, hüftbreiter und gerader Stand. Arme locker neben dem Körper. - Schultern werden entgegen des Uhrzeigersinn gekreist (Schultern nach oben, hinten, unten, vorne und wieder nach oben ziehen). Nach 8 Schulterkreisen die Arme leicht vom Körper spreizen und mit in die Bewegung einfließen lassen, jetzt erfolgen weitere 8 Runden. Die Arme seitlich auf Schulterhöhe ausstrecken und 4 Schulterkreise, danach erfolgt ein Richtungswechsel (mit dem Uhrzeigersinn) für 4 weitere Schulterkreise. Die Arme nur noch leicht vom Körper abspreizen und weitere 8 Schulterkreise ausführen. Die Arme locker am Körper hängen lassen und die letzten 8 Schulterkreise ausführen.	4 Zählzeiten pro Schulterkreis: 8 Runden Arme gesenkt 8 Runden Arme leicht gespreizt 4 Runden Arme komplett gestreckt **Richtungswechsel** 4 Runden Arme komplett gestreckt. 8 Runden Arme leicht gespreizt 8 Runden Schulterkreisen arme gesenkt	Der Schulterkreis beginnt ohne Armbewegung, im weiteren Verlauf werden die Arme schrittweise ergänzt und der Schulterkreis mit der Anzahl der beteiligten Muskulatur erweitert.

Tabelle 4: Fortsetzung Tabelle 1 Stundenplanung: Warm-Up einer Wirbelsäulengymnastik

Warm-Up: (10 Minuten)

Ziel der Übung	Übungsbe-zeichnung	Übungsbeschreibung	Belastungsgefüge	Bemerkungen/Hinweise
Mobilisation der Wirbelsäule	Katzenbuckel	- hüftbreiter Stand, die Knie leicht gebeugt, Oberkörper nach vorne beugen und mit den Armen auf den Knien abstützen. - den Rücken nach außen biegen (Rundrücken) und den Kopf zur Brust ziehen, dabei erfolgt die Ausatmung. Diese Position ein paar Zählzeiten halten, nun den Rücken und Kopf langsam wieder gerade strecken und anschließend in ein Hohlkreuz bringen, dabei erfolgt die Einatmung. Den Rücken wieder in die gerade Ausgangsposition beugen.	**6 Runden** 4 Sekunden Beugen 4 Sekunden Halten 8 Sekunden Strecken 4 Sekunden Halten 4 Sekunden Beugen (Ausgangsposition Mitte)	

Tabelle 5: Stundenplanung: Hauptteil einer Wirbelsäulengymnastik

Hauptteil: (25 Minuten)

Ziel der Übung	Übungsbe-zeichnung	Übungsbeschreibung	Belastungsgefüge	Bemerkungen/Hinweise
Kräftigung der rückseitigen Rumpfmuskulatur	Armheranziehen im Stand mit vorgebeugten Oberkörper (dynamisch)	- hüftbreiter Stand, Knie 120° gebeugt, die Hüfte im rechten Winkel, die Arme in einer U-Haltung neben dem Kopf. - Die Arme werden neben dem Kopf gestreckt, die Ellenbogen bleiben in der Streckung leicht gebeugt. Anschließend Arme wieder zur Ausgangsposition zurückbewegen.	**19 Wiederholungen** 4 Zählzeiten nach oben 4 Zählzeiten nach unten	Leichtere Variante: Übung im geraden Stand durchführen.
Kräftigung der rückseitigen Rumpfmuskulatur	Butterfly Reverse im Stand (dynamisch)	- hüftbreiter Stand, Knie 120° gebeugt, die Hüfte im rechten Winkel, die Arme in einer U-Haltung neben dem Kopf. - Die Arme und Schulterblätter werden aus der U-Haltung nach hinten in Richtung Wirbelsäule gezogen und wieder nach vorne in die Ausgangsposition geführt.	**25 Wiederholungen** 4 Zählzeiten nach hinten 2 Zählzeiten in nach vorne	Leichtere Variante: Übung im geraden Stand durchführen.
Kräftigung der unteren Rumpfmuskulatur	Wirbelsäulenro-tation im Stand (dynamisch)	- hüftbreiter Stand, Knie 120° gebeugt, die Hüfte im rechten Winkel, die Arme hinter den Kopf verschränkt, dabei zeigen die Ellenbogengen nach außen. - Der Oberkörper wird zur Seite rotiert bis zur maximalen Endposition, zurück zur Ausgangsposition gedreht und weiter zur anderen Seite um anschließend wieder zur Ausgangsposition zurückzukehren.	**9 Runden** 4 Zählzeiten nach Rechts 4 Zählzeiten zur Mitte 4 Zählzeiten nach Links 4 Zählzeiten zur Mitte	Leichtere Variante: Übung im geraden Stand durchführen und/oder Arme vor den Brustkorb verschränken.

Tabelle 6: Fortsetzung Tabelle 5 Stundenplanung: Hauptteil einer Wirbelsäulengymnastik

Hauptteil: (25 Minuten)

Ziel der Übung	Übungsbezeichnung	Übungsbeschreibung	Belastungsgefüge	Bemerkungen/Hinweise
Kräftigung der rückseitigen Rumpfmuskulatur	Oberkörperheben in Bauchlage (dynamisch)	- vom Stand rückengerecht in die Bauchlage auf die Gymnastikmatte wechseln. Die Arme werden in der U-Haltung auf Kopfhöhe fixiert. - Grundspannung im Gesäß- und der Rückenmuskulatur aufbauen, Oberkörper und fixierte Arme leicht vom Boden abheben, halten und wieder absenken.	**15 Wiederholungen** 2 Zählzeiten nach oben 2 Zählzeiten halten 2 Zählzeiten nach unten	Leichtere Variante: Arme abwechselnd anheben und senken.
Kräftigung der rückseitigen Rumpf- und Gesäßmuskulatur	Beinheben in Bauchlage (dynamisch)	- Bauchlage, die Arme werden unter dem Kopf verschränkt, die Beine und Füße sind ausgestreckt. - Grundspannung im Gesäß- und der Rückenmuskulatur aufbauen, Beine leicht vom Boden abheben, halten und wieder absenken.	**15 Wiederholungen** 2 Zählzeiten nach oben 2 Zählzeiten halten 2 Zählzeiten nach unten	Leichtere Variante: Beine abwechselnd anheben und senken.
Kräftigung der rückseitigen Rumpf- und Gesäßmuskulatur	Oberkörper und Beinheben in Bauchlage (statisch)	- Bauchlage, die Beine und Arme werden ausgestreckt. - Grundspannung im Gesäß- und der Rückenmuskulatur aufbauen, Beine und Arme leicht vom Boden abheben, halten und wieder absenken.	**15 Wiederholungen** 2 Zählzeiten nach oben 2 Zählzeit halten 2 Zählzeiten nach unten	Leichtere Variante: Beine und Arme einzeln (diagonal) anheben und senken. Schwere Variante: Diagonal ein Bein und Arm ausstrecken.
Kräftigung der Rumpfmuskulatur	Unterarmstütz (statisch)	- Bauchlage, Beine ausgestreckt, Füße auf dem Boden abgestellt, die Arme im Unterarmstütz, neutrale Beckenstellung, fixierte Schultergelenke, Ellenbogenposition im senkrechten Lot der Schultergelenke. - mit gestreckten Beinen das Becken und die Knie vom Boden abheben und halten und anschließend auf den Boden ablegen.	**4 Wiederholungen** 60 Sekunden halten	
Kräftigung der Bauchmuskulatur	Oberkörperheben in Rückenlage (dynamisch)	- in Rückenlage bringen, Beine angewinkelt und Füße aufgestellt, die Hände befinden sich rechts und links vom Kopf, die Ellenbogen zeigen nach außen, der Kopf ist angehoben, das Kinn faustbreit vom oberen Brustbeinende entfernt. - Der Schultergürtel wird langsam bis zur Lendenwirbelsäule vom Boden aufgerollt und anschließend zur Ausgangsposition zurückgerollt.	**12 Wiederholungen** 4 Zählzeiten nach oben 1 Zählzeit nach unten	Leichte Variante: Die Arme vor den Brustkorb verschränken. Schwere Variante: Die Beine Anheben und die Knie im 90° Winkel halten.
Kräftigung der Bauchmuskulatur	Becken anheben in Rückenlage (dynamisch)	- Rückenlage, die Beine senkrecht nach oben ausgestreckt, Schultergürtel am Boden fixiert, Kopf liegt auf der Matte. - Das Becken langsam aufrollen und die Beine Senkrecht nach oben bewegen. Anschließend das Becken in Richtung Boden abrollen.	**12 Wiederholungen** 1 Zählzeit nach oben 4 Zählzeiten nach unten	Schwere Variante: Die Beine Anheben und die Knie im 90° Winkel halten.
			15 Wiederholungen 2 Zählzeiten nach oben 2 Zählzeiten nach unten	Leichte Variante: Knie im 90° Winkel.

Tabelle 7: Stundenplanung: Cool-Down und Verabschiedung einer Wirbelsäulengymnastik

Cool-Down: 10 Minuten

Ziel der Übung	Übungsbe-zeichnung	Übungsbeschreibung	Belastungsgefüge	Bemerkungen/Hinweise
Cool-Down	Cool-Down	- entspannte Haltung in Rückenlage einnehmen.	2 Minuten	Bewusste Ein- und Ausatmung, den Körper kurz entspannen, um diesen auf die Dehnung vorzubereiten.
Dehnung der Rumpfmuskulatur	Arme und Beine ausstrecken (statisch)	- in der Rückenlage Hände und Arme vom Körper ausstrecken. - den Körper mit den Händen und Füßen komplett ausstrecken und die gestreckte Haltung halten, wieder lösen.	**3 Runden** 20 Sekunden	
Dehnung der rückseitigen Rumpfmuskulatur	Rundrücken im Stand (statisch)	- in den Stand kommen, Füße hüftbreit auf den Boden aufstellen, die Arme am Körper hängen lassen. - mit dem Körper Wirbel für Wirbel nach unten in einen Katzenbuckel rollen. Am Ende mit den Armen die Beine umfassen und mit diesen den Oberkörper bewusst in die aktive statische Dehnung bringen.	**1 Runde** 20 Sekunden halten	
Dehnung der Hüftbeugemuskulatur	Dehnung der Hüftbeugemuskulatur im Knie-stand (statisch)	- kniestand, ein Bein nach vorne auf den ganzen Fuß aufstellen, so dass das vordere Bein im Kniegelenk gebeugt ist und der Fuß vor dem Knie steht. Das hintere Knie liegt mit dem kompletten Unterschenkel auf dem Boden auf. Der Oberkörper wird mit den Händen am vorderen Bein abgestützt. - die Dehnposition wird eingenommen, indem der Körperschwerpunkt nach vorne unten verlagert und das Becken abgesenkt wird. Der Oberkörper bleibt während der gesamten Übung aufrecht.	**2 Runden** 20 Sekunden Beinwechsel **2 Runden** 20 Sekunden	
Dehnung der Oberschenkelmuskulatur	Dehnung der rückseitigen Oberschenkelmuskulatur im Stand (statisch)	- aus dem Stand, die Beine leicht gebeugt, das Gesäß etwas nach hinten unten abgesenkt. Dann wird ein Bein nach vorne in einer leichten Schrittstellung aufgesetzt und gestreckt. Das hintere Bein bleibt weiter gebeugt. - die Dehnposition wird eingenommen, indem der Oberkörper leicht nach vorne geneigt und das Becken gekippt wird. Die Dehnung wird statisch gehalten.	**2 Runden** 20 Sekunden Beinwechsel **2 Runden** 20 Sekunden	

Tabelle 8: Fortsetzung Tabelle 7 Stundenplanung: Cool-Down und Verabschiedung einer Wirbelsäulengymnastik

Cool-down: 10 Minuten

Ziel der Übung	Übungsbe-zeichnung	Übungsbeschreibung	Belastungsgefüge	Bemerkungen/Hinweise
Dehnung der Schulterblattfixatoren	Dehnung der Schulterblattfixatoren im Stand (statisch)	- aus dem Stand, die Arme nach vorne ausgestreckt, die Hände vor dem Körper verschränkt. - die Dehnposition wird eingenommen, indem die Schulterblätter aktiv weg von der Wirbelsäule nach vorne gezogen werden. Zusätzlich wird der Kopf nach vorne geneigt. Die Schultern bleiben tief. Diese Position halten.	**2 Runden** 20 Sekunden	
Dehnung der Seitliche Rumpfmuskulatur	Dehnung der seitlichen Rumpfmuskulatur im Seitgrätschstand (dynamisch)	- aus dem Stand, die Arme über den Kopf heben und verschränken. - mit der rechten Hand den linken Arm greifen und aktiv nach oben und zur Seite ziehen um die Dehnung in der seitlichen Rumpfmuskulatur zu spüren, die aktive Dehnung wieder lösen und dynamisch arbeiten. - mit der linken Hand den rechten Arm greifen und aktiv nach oben und zur Seite ziehen um die Dehnung in der seitlichen Rumpfmuskulatur zu spüren, die aktive Dehnung wieder lösen und dynamisch arbeiten.	**20 Wiederholungen pro Seite** 2 Zählzeiten dehnen 2 Zählzeiten lösen	

Verabschiedung 1 Minute

Verabschiedung der Kursteilnehmer	---	- Verabschiedung der Kursteilnehmer, Feedback zum Kurs und/oder den Teilnehmern, Anregungen entgegennehmen, auf eventuelle Aktivitäten des Studios hinweisen. (Reiß & Eifler, 2005, S. 67)		

4.4 Begründung

Die oben aufgeführte Kursstunde wurde mit dem Schwerpunkt Rumpfstärkung erstellt. Um den Körper optimal auf die Kräftigungsübungen vorzubereiten, wird der Körper mit einzelnen Mobilisationsübungen aufgewärmt und der volle Bewegungsradius aktiviert. Hier wurde der Schwerpunkt auf die Rumpfmuskulatur gelegt. Die Mobilisationsübungen sind so aufgeteilt, dass die Bewegungsabläufe von oben nach unten, sowie von kleinen zu größer werdenden Bewegungsabläufen führen.

Der Hauptteil der Wirbelsäulengymnastik wird mit der Kräftigung der Rumpfmuskulatur aus dem Stand bis hin zu liegenden Übungsvarianten durchgeführt, um für den Kunden einen möglichst angenehmen Übungsablauf zu generieren. Die Übungsauswahl wurde so gewählt, dass die rückseitige und vorderseitige Rumpfmuskulatur gleichermaßen gekräftigt wird. Die einzelnen Übungen wurden mit vollem Bewegungsradius durchgeführt, um auch hier die Mobilisation im Alltag zu stärken. Die Übung Bein- und Armheben im Liegen wurde erst einzeln durch Armheben und Beinheben trainiert, um den Kursteilnehmer an die kombinierte Übung Arm- und Beinheben gleichzeitig heranzuführen. Es wurden vorrangig anspruchsvollere Übungen ausgewählt, um die fortgeschrittenen Kursteilnehmer nicht zu unterfordern. Bei vielen Übungen kann jedoch durch verschiedene Übungsvarianten die einzelne Übung auf das Level des Kursteilnehmers individuell angepasst werden.
Zwischen den Übungen wurde Zeit eingeplant um Korrektur- und Informationsarbeit zu leisten.

Im Cool-down wird der Körper langsam durch eine kurze Entspannungsphase von den Kraftanstrengungen gelöst und durch aktives Ein- und Ausatmen auf die entspannte Dehneinheit vorbereitet. Im Cool-down werden die beanspruchten Muskelgruppen vom Liegen hinauf in den Stand gedehnt und wieder gelockert. Es wird hierbei meist eine aktive statische Dehnung gewählt um eine kontrollierte und bewusste Dehnung zu erreichen.

5 Literaturverzeichnis

Reiß, M. & Eifler, C. (2015). *Studienbrief Gruppentraining I* (Rev.14.014.000). Saarbrücken: Deutsche Hochschule für Prävention und Gesundheitsmanagement.

6 Abbildungs- und Tabellenverzeichnis

6.1 Tabellenverzeichnis

6.2 Abbildungsverzeichnis